ネイティブ発音に（ ）れる！

小学生の英語レッスン

① アルファベット・英単語

BUNRI

この本の特長と使い方

おうちの方へ

★授業でかっこよく英語を話したい！
★英語が得意になりたい！
このような思いをもつ小学生のために、この本を作りました。

中学英語が難化して、英語嫌いな生徒が増加傾向にあることをご存じでしょうか。

小学校では、2020年度から新学習指導要領が実施されています。
小学3・4年生では週1コマ程度の外国語活動、小学5・6年生では週2コマ程度の英語の授業が実施されています。

小学5・6年生の英語の授業では検定教科書を使用しますが、学校や先生によって授業の内容はさまざまというのが小学英語の現状だと感じています。
教育現場で話を聞くと、「話す」活動が中心の授業が多い印象です。

学習する単語数については、小学校では600〜700語程度、中学校では1600〜1800語程度となっています。
小学校で英語が教科化される前、中学生が学習する単語数は1200語程度だったので、学習する単語数は大幅に増加しています。

この本は、アルファベットと小学英語でよく使われる単語を楽しく発話しながら身につけることができる構成になっています。
すべての単元の最初に動画がついていて、ちぐさ先生が英語の発音のルールをわかりやすく説明してくれます。
無理なく続けられるよう、1回分の学習時間は10分程度にしています。

小学生のうちに英語の発音のルールを身につけて、中学校での英語学習にスムーズにつなげられるように準備しましょう。
英語って楽しい！と思う子どもが増えることを願っています。

重森ちぐさ、編集担当

この本の使い方

1回分は「オモテ面＋ウラ面」で10分！

[オモテ面]　「①見る→②とく→③話す」の3ステップで取り組もう！

①見る

まずはQRコードを読み取って、動画を見よう。

▼

②とく

問題をとこう。
とき終わったら、本の後ろについている答えで答え合わせをしよう。

▼

③話す

元気よく話そう。
発音がわからないときは、もう一度動画をかくにんしよう。

[ウラ面]

◆復習

めいろやパズルに取り組んで、オモテ面で学習した内容を復習しよう。
楽しみながら英語力と思考力がアップ！

1回分の学習が終わったら、おうちの人にチェックしてもらおう。

※QRコードは（株）デンソーウェーブの登録商標です。※動画の提供は予告なく終了することがあります。

もくじ CONTENTS

この本の特長と使い方 2

アルファベット表 6

チャプター1
アルファベット

1 a から g の音 7

2 h から n の音 9

3 a から n の音 11

4 o から u の音 13

5 v から z の音 15

6 o から z の音 17

7 アルファベットのまとめ 19

チャプター2
いろいろな単語

8 くだもの 21

9 やさい 23

10 数（1〜10） 25

11 動物 27

12 体の動き 29

13 身につけるもの 31

14 食べ物 33

15 食べ物や飲み物 35

16 身の回りのもの 37

17 スポーツ 39

18 乗り物 41

19 自然 43

20 色 45

21 あいさつ 47

22 気持ち 49

23 きせつや天気 51

24 いろいろな単語のまとめ …53

チャプター3
英語の発音

サポート役

いんぐリッスくん

英語を勉強するのが大好きな子どものリス。額にうかぶ E の文字と、単語の知識がつまってパンパンのほっぺたが特ちょう。キラキラしたひとみでアドバイスしてくれるやさしい性格。

㉕ a の音 55

㉖ e の音 57

㉗ i の音 59

㉘ o の音 61

㉙ u の音 63

㉚ 英語の発音のまとめ① 65

㉛ a のもう1つの音 67

㉜ i のもう1つの音 69

㉝ o のもう1つの音 71

㉞ u のもう1つの音 73

㉟ 同じ音のなかま（ai, ay）......... 75

㊱ 同じ音のなかま（ea, ee, ey）.. 77

㊲ 同じ音のなかま（oi, oy）.......... 79

㊳ 同じ音のなかま（ou, ow）........ 81

㊴ 同じ音のなかま（oa, ow）....... 83

㊵ 英語の発音のまとめ② 85

答え 87

小学生の英語レッスン
WEB ふろく

B-DESK

B-DESK からも、この本の動画にアクセスすることができます。

https://portal.bunri.jp/b-desk.html

アクセスコード

4Da65F2e

アルファベット<ruby>表<rt>ひょう</rt></ruby>

アルファベットは<ruby>全部<rt>ぜんぶ</rt></ruby>で 26 <ruby>文字<rt>もじ</rt></ruby>で、<ruby>大文字<rt>おおもじ</rt></ruby>と<ruby>小文字<rt>こもじ</rt></ruby>があるよ。
アルファベットの<ruby>順番<rt>じゅんばん</rt></ruby>と<ruby>文字<rt>もじ</rt></ruby>の<ruby>形<rt>かたち</rt></ruby>をおぼえよう！

<ruby>大文字<rt>おおもじ</rt></ruby>

A B C D E F G H I

J K L M N O P Q R

S T U V W X Y Z

<ruby>小文字<rt>こもじ</rt></ruby>

a b c d e f g h i

j k l m n o p q r

s t u v w x y z

1 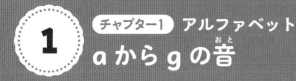 チャプター1 アルファベット

a から g の音

動画を見る

STEP 1 動画 ▶ を見て、大きな声でリピートしよう。

apple　　　book　　　car

door　　　egg　　　fish　　　girl

STEP 2 クイズに答えよう。答えに○をつけよう。

（1）赤いフルーツは？ → apple ／ egg

（2）海の中にいるものは？ → door ／ fish

（3）人が乗る乗り物は？ → car ／ book

STEP 3 イラストのさいしょの文字を線でつなげて、言ってみよう。

A, a, apple のように言ってね！

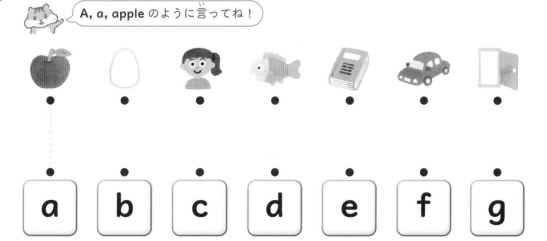

| a | b | c | d | e | f | g |

a から g まで順番に単語を言いながらめいろをしよう。

終わったらおうちの人にチェックしてもらおう。

2 チャプター1 アルファベット

h から n の音

動画を見る

 STEP 1 動画 ▶ を見て、大きな声でリピートしよう。

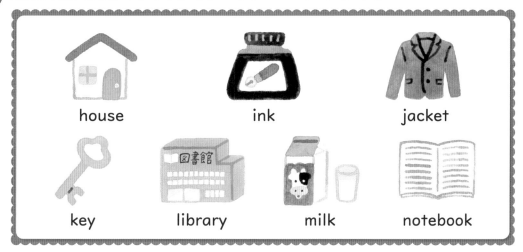

house　　　ink　　　jacket

key　　　library　　　milk　　　notebook

STEP 2 クイズに答えよう。答えに○をつけよう。

（1）牛からとれる飲み物は？　→　milk　/　ink

（2）寒い日に着るものは？　→　jacket　/　house

（3）勉強するときに使うものは？　→　key　/　notebook

STEP 3 イラストのさいしょの文字を線でつなげて、言ってみよう。

H, h, house のように言ってね！

h　　i　　j　　k　　l　　m　　n

➡から始めて、h→i→j→k→l→m→n の順番に線でつなごう。

h→i→j→k→l→m→n を2回くり返してね。

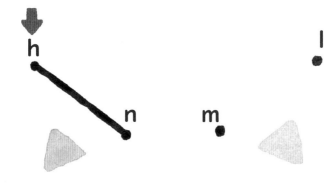

h

l

n   m

i   k

j   j

i

k   h

l

m   n

終わったらおうちの人にチェックしてもらおう。

3 チャプター1 アルファベット

a から n の音

動画を見る

STEP 1 動画 ▶ を見て、大きな声でリピートしよう。

STEP 2 イラストのさいしょの文字と、その文字のアルファベットの順番の数字が合っているものすべてに○をしよう。

アルファベットは 26 文字あるよ。

 **2**	**10**	**4**
5	**12**	**10**

STEP 3 どちらの音かな。正しいアルファベットに○をつけて、単語を言ってみよう。

 　n　h
 　c　l
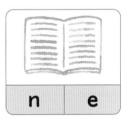 　n　e
 　l　i

 　f　b
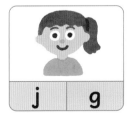 　j　g
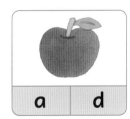 　a　d
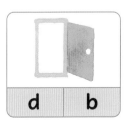 　d　b

大文字と小文字を線でつなごう。

上が大文字で、下が小文字だよ。

A	B	C	D	E	F	G

d	f	a	b	c	g	e

H	I	J	K	L	M	N

k	m	h	i	j	n	l

終わったらおうちの人にチェックしてもらおう。

4

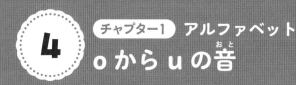

o から u の音

動画を見る

STEP 1 動画 ▶ を見て、大きな声でリピートしよう。

octopus　　　piano　　　question

racket　　soccer　　tablet　　umbrella

STEP 2 クイズに答えよう。答えに○をつけよう。

(1) 海にいる生き物は？ →　octopus　/　tablet

(2) ボールをけって相手のゴールに入れるスポーツは？

→　piano　/　soccer

(3) 雨の日に使う道具は？　→　umbrella　/　racket

STEP 3 イラストのさいしょの文字を線でつなげて、言って みよう。

R, r, racket のように言ってね！

o　　p　　q　　r　　s　　t　　u

o から u まで順番に単語を言いながらめいろをしよう。

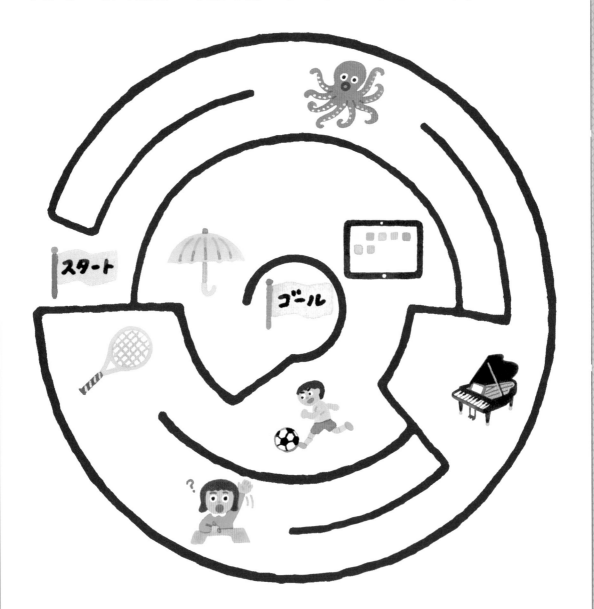

 終わったらおうちの人に
チェックしてもらおう。

5

vからzの音

動画を見る

STEP 1 動画 ▶ を見て、大きな声でリピートしよう。

vegetable　　　window　　　box

yellow　　　zoo

STEP 2 クイズに答えよう。答えに○をつけよう。

（1）動物がたくさんいる場所は？ → zoo ／ vegetable
（2）部屋が暑いときに開けるものは？ → box ／ window
（3）体によい食べ物は？ → yellow ／ vegetable

STEP 3 イラストのさいしょの文字を線でつなげて、言ってみよう。

boxはさいごの文字をつなげてね。

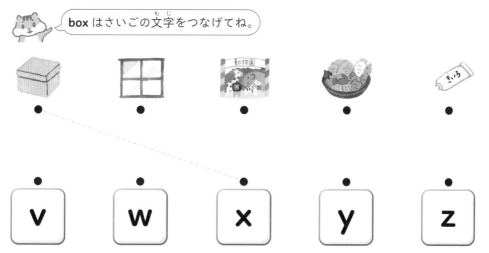

v　　w　　x　　y　　z

チャレンジ

➡️から始めて、v → w → x → y → z の順番に線でつなごう。

v → w → x → y → z を2回くり返してね。

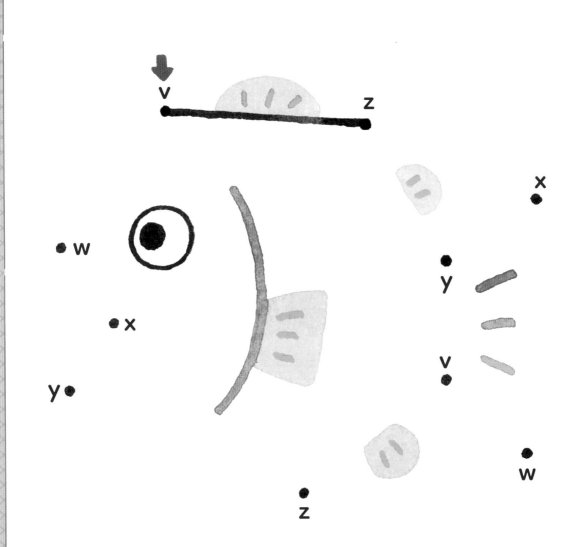

終わったらおうちの人にチェックしてもらおう。

6

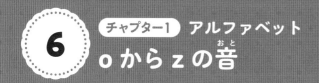

チャプター1 アルファベット

o から z の音

動画を見る

STEP 1 動画 ▶ を見て、大きな声でリピートしよう。

STEP 2 イラストのさいしょの文字と、その文字のアルファベットの順番の数字が合っているものすべてに○をしよう。

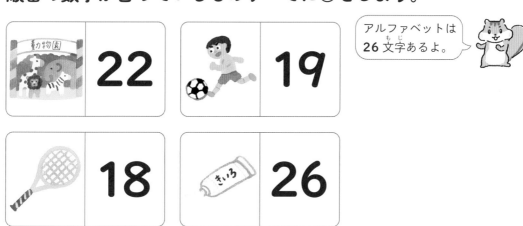

アルファベットは 26 文字あるよ。

STEP 3 どちらの音かな。正しいアルファベットに○をつけて、単語を言ってみよう。

大文字と小文字を線でつなごう。

上が大文字で、下が小文字だよ。

O	P	Q	R	S	T

q	t	p	s	r	o

U	V	W	X	Y	Z

u	w	x	z	v	y

終わったらおうちの人にチェックしてもらおう。

18

7 チャプター1 アルファベット
アルファベットのまとめ

動画を見る

STEP 1 動画 を見て、聞こえたもの2つに○をしよう。

(1)

(2)

(3)

STEP 2 STEP 1 で○を書いたイラストのさいしょの文字2つに○をしよう。

(1)　a　b　d　h　l　q

(2)　c　i　j　k　s　x

(3)　g　l　r　u　v　z

STEP 3 a から z までの音と単語を言ってみよう。

a, apple → b, book のように
音と単語を言ってみよう。

➡から始めて、aからzまで順番に線でつなごう。

何が出てくるかな。

終わったらおうちの人に
チェックしてもらおう。

くだもの

動画を見る

STEP 1 動画 ▶ を見て、大きな声でリピートしよう。

apple　　grapes　　orange　　banana

lemon　　strawberry　　peach

STEP 2 くだものとカードを線でつなごう。

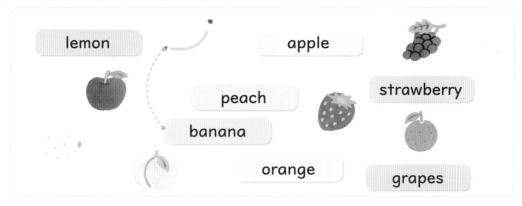

lemon　　apple

peach　　strawberry

banana

orange　　grapes

STEP 3 100円になるように、お買い物をして、買ったものを言ってみよう。

What do you want? ほしいものは何かな？

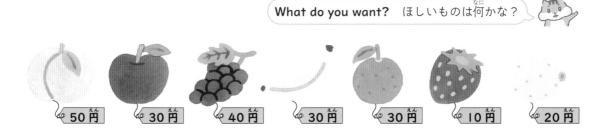

50円　　30円　　40円　　30円　　30円　　10円　　20円

チャレンジ

かくれている、くだものをさがそう。見（み）つけたら◯◯◯でかこもう。単語（たんご）はたてにも横（よこ）にもかくれているよ。

a	d	s	b	d	q	p	o	a	e
e	g	r	a	p	e	s	i	p	p
g	u	a	n	p	e	a	c	h	n
s	t	r	a	w	b	e	r	r	y
l	a	k	n	a	p	p	l	e	m
m	o	r	a	n	g	e	t	y	r
a	h	l	e	m	o	n	o	i	a

終（お）わったらおうちの人（ひと）にチェックしてもらおう。

やさい

月　日

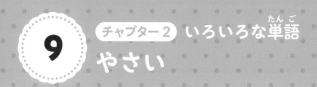

STEP 1 動画 ▶ を見て、大きな声でリピートしよう。

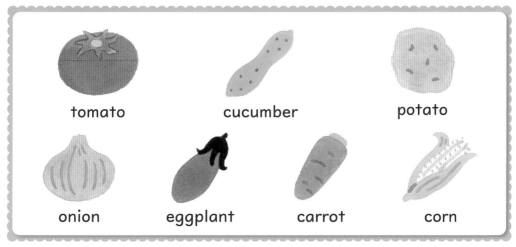

tomato　　cucumber　　potato

onion　　eggplant　　carrot　　corn

STEP 2 なかよしのやさいはどれかな？　3つさがして、〇をつけよう。

さいしょの文字に注目！

STEP 3 カレーの中にやさいを入れよう。好きなやさいを3つ選んで、言ってみよう。

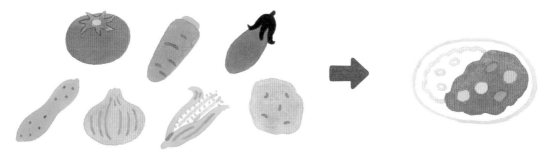

23

それぞれの人が好きなやさいは何かな？ 答えを線でたどって、言ってみよう。

終わったらおうちの人にチェックしてもらおう。

STEP 1 動画 ▶ を見て、大きな声でリピートしよう。

STEP 2 さいころの出た目に合う数を選んで、線でつなごう。

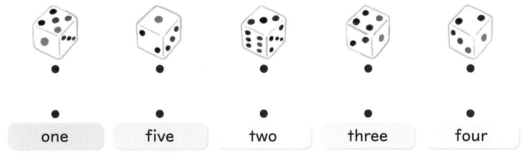

STEP 3 いくつあるかな？ 英語で言ってみよう。そのあと、1から10まで順番に言ってみよう。 How many? いくつあるかな？

(1)

(2)

25

それぞれのやさいはいくつあるかな？　□に数字を書いてから、
ゆっくりていねいに単語をなぞろう。

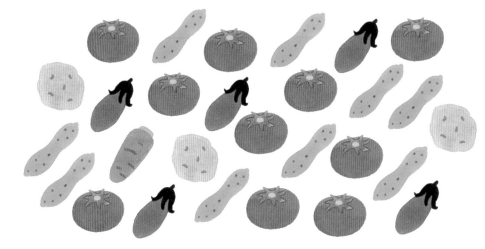

  five

 nine

 one

 ten

 three

終わったらおうちの人に
チェックしてもらおう。

動物

STEP 1 動画 を見て、大きな声でリピートしよう。

bear　　cat　　elephant　　bird

dog　　lion　　rabbit　　zebra

STEP 2 クイズに答えよう。答えに○をつけよう。

（1）耳が大きくて、鼻が長い動物は？　→　bear　/　elephant

（2）オスだけにたてがみがある動物は？　→　lion　/　rabbit

（3）羽があって、空をとべる動物は？　→　bird　/　dog

STEP 3 例にならって、I like か I don't like をつけて言って みよう。

（例）

好きだったら I like elephants.
好きじゃなかったら I don't like elephants.
のように言ってね！

おうちの方へ 複数形で言えなくても大丈夫です。

27

だれの足あとか、わかるかな？　線でむすぼう。そのあと、ゆっくりていねいに単語をなぞろう。

lion

bird

elephant

rabbit

dog

zebra

bear

cat

終わったらおうちの人にチェックしてもらおう。

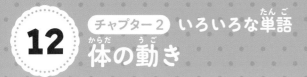

12 チャプター2 いろいろな単語
体の動き

 STEP 1 動画 ▶ を見て、大きな声でリピートしよう。

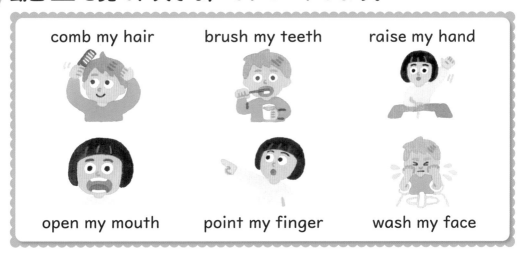

comb my hair　　brush my teeth　　raise my hand

open my mouth　　point my finger　　wash my face

STEP 2 動画 ▶ を見て、聞こえたほうの□に✔を書こう。

(1) ☐ point my finger　　　☐ wash my face

(2) ☐ open my mouth　　　☐ comb my hair

(3) ☐ brush my teeth　　　☐ raise my hand

STEP 3 線でつなごう。そのあと、順番に言ってみよう。

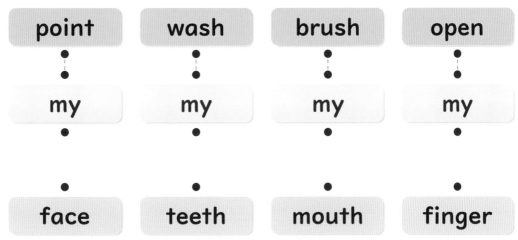

point	wash	brush	open
my	my	my	my
face	teeth	mouth	finger

日本語に合う単語を次から選んで、ていねいに書こう。

hand

mouth

teeth

face

hair

finger

歯

手

指

口

顔

髪

終わったらおうちの人に
チェックしてもらおう。

13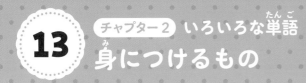

身につけるもの

動画を見る

STEP 1 動画 ▶ を見て、大きな声でリピートしよう。

shoes ¥800　watch ¥300　sweater ¥400　gloves ¥300

skirt ¥400　umbrella ¥200　glasses ¥500　T-shirt ¥900

STEP 2 なかまはずれのものに○をつけよう。

ヒント

(1)

さいしょの文字

(2)

季節

(3)

何こ？

STEP 3 合わせて 500 円になるアイテムはどれかな？　□に✔を書いて言って みよう。

31

チャレンジ

合計 2,000 円になるように4つだけアイテムを選んで、ていねいに英語を書こう。

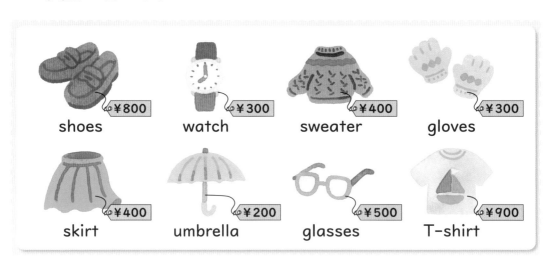

| shoes | watch | sweater | gloves |
| ¥800 | ¥300 | ¥400 | ¥300 |

| skirt | umbrella | glasses | T-shirt |
| ¥400 | ¥200 | ¥500 | ¥900 |

①
_____

②
_____

③
_____

④
_____

skirt　　sweater　　T-shirt　　glasses

watch　　shoes　　umbrella　　gloves

終わったらおうちの人にチェックしてもらおう。

32

14  チャプター2 いろいろな単語
食べ物

動画を見る

STEP 1 動画 ▶ を見て、大きな声でリピートしよう。

salad　　pizza　　bread　　rice

spaghetti　　steak　　fried chicken　　curry and rice

STEP 2 食べ物とカードを線でつなごう。

pizza　　rice　　bread

fried chicken

steak　　spaghetti

salad　　curry and rice

STEP 3 I like か I don't like をつけて、 の食べ物をすべて言ってみよう。

好きなものには I like、好きじゃない
ものには I don't like をつけてね。

それぞれの人が好きな食べ物は何かな？　答えを線でたどって、
ていねいに英語で書こう。

① ② ③ ④

①

②

③

④

salad　　pizza　　steak　　spaghetti

終わったらおうちの人に
チェックしてもらおう。

15 チャプター2 いろいろな単語
食べ物や飲み物

動画を見る

STEP 1 動画 ▶ を見て、大きな声でリピートしよう。

juice　　water　　milk　　green tea

hamburger（s）　sausage（s）　sandwich（es）　French fries

STEP 2 STEP 1 のアイテムを、eat するものと drink するものに分けよう。

eat	drink

STEP 3 STEP 2 で分けたアイテムを、I want to eat か I want to drink をつけて言ってみよう。

おうちの方へ　a をつけて言えなくても大丈夫です。

35

チャレンジ

それぞれの人が食べたいものと飲みたいものは何かな？　線でつなごう。

①

②

③

④

- hamburger

- sandwich

- sausage

- French fries

- juice

- water

- milk

- green tea

終わったらおうちの人にチェックしてもらおう。

 動画を見る

月　　日

16 チャプター2 いろいろな単語
身の回りのもの

STEP 1 動画 ▶ を見て、大きな声でリピートしよう。

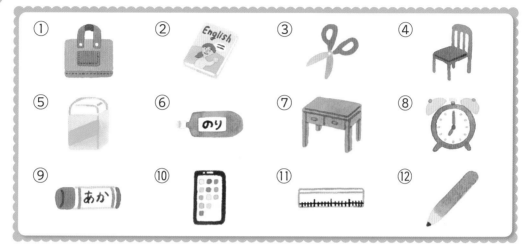

① ② English ③ ④

⑤ ⑥ のり ⑦ ⑧

⑨ あか ⑩ ⑪ ⑫

STEP 2 単語に合う絵を STEP 1 のイラストの中からさがして、番号を書こう。

☐ smartphone	☐ desk	☐ pencil
☐ ruler	☐ chair	☐ crayon
☐ eraser	☐ textbook	☐ bag
☐ scissors	☐ glue	☐ clock

STEP 3 明日、自分がひつようなものを STEP 1 から選んで、I need をつけて言ってみよう。

What do you need for tomorrow?
明日、何がひつようかな？

おうちの方へ aやanをつけて言えなくても大丈夫です。

チャレンジ

かくれている、単語をさがそう。見つけたら⬭でかこもう。
単語はたてにも横にもかくれているよ。

n	p	e	n	c	i	l	h	j	s
m	o	p	c	r	a	y	o	n	c
e	c	t	t	f	d	c	b	e	i
q	b	a	g	c	o	d	e	r	s
t	e	x	t	b	o	o	k	g	s
z	t	u	u	i	o	p	h	s	o
x	y	i	d	x	z	o	w	r	r
e	r	a	s	e	r	t	k	b	s

終わったらおうちの人にチェックしてもらおう。

17

チャプター2 いろいろな単語
スポーツ

動画を見る

STEP 1 動画 ▶ を見て、大きな声でリピートしよう。

STEP 2 単語に合う絵を STEP 1 のイラストの中からさがして、番号を書こう。

	basketball		baseball		table tennis
	rugby		volleyball		dodgeball
	soccer		tennis		badminton

STEP 3 自分がするスポーツを STEP 1 から選んで、I play をつけて言ってみよう。

Do you play any sports?
スポーツはするかな？

下のセンテンスに合う絵はどれかな？ □に番号を書こう。

文のことをセンテンスと言うよ！

① ② ③

④ ⑤ ⑥

I play tennis.

I play soccer.

I play badminton.

I play basketball.

I play rugby.

I play table tennis.

終わったらおうちの人に
チェックしてもらおう。

40

STEP 1 動画 ▶ を見て、大きな声でリピートしよう。

STEP 2 単語に合う絵を STEP1 のイラストの中からさがして、番号を書こう。

	bike		taxi		boat

	truck		bus		car

	train		unicycle

STEP 3 ⬜ に入る乗り物はどれかな？ ⬜ に絵をかいて、bike – bus – ？ のように、3つの単語を言って みよう。

(1)

(2)

さいしょの音が
ヒントだよ！

41

乗り物と単語を線でむすんで、ゆっくりていねいに単語をなぞろう。

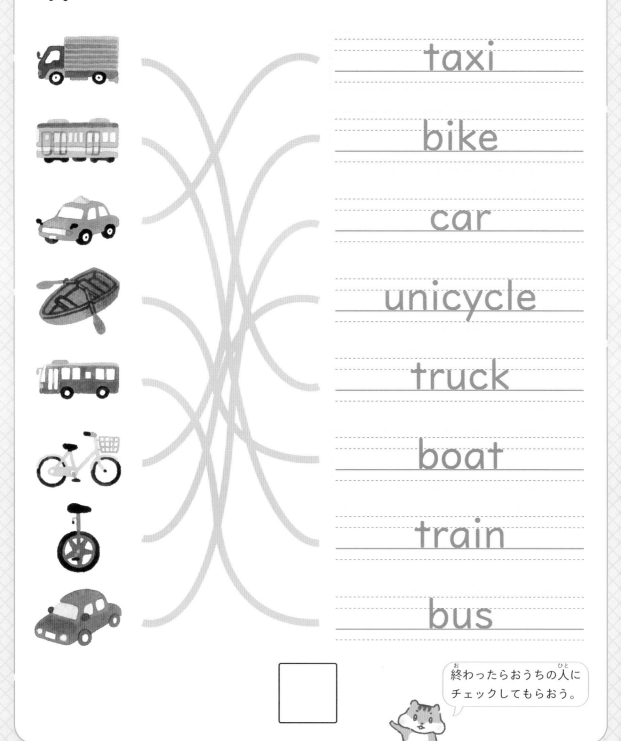

taxi

bike

car

unicycle

truck

boat

train

bus

終わったらおうちの人にチェックしてもらおう。

19 自然

動画を見る

STEP 1 動画 ▶ を見て、大きな声でリピートしよう。

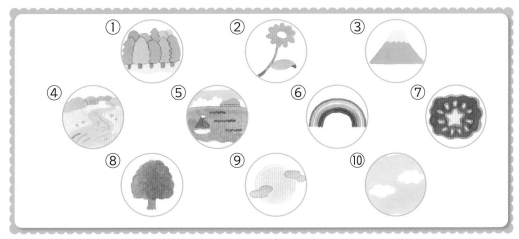

STEP 2 単語に合う絵を STEP 1 のイラストの中からさがして、番号を書こう。

☐ sea（海）　　☐ sky（空）　　☐ star（星）

☐ river（川）　　☐ moon（月）　　☐ tree（木）

☐ forest（森）　　☐ flower（花）　　☐ mountain（山）

☐ rainbow（虹）

STEP 3 漢字の順番に、英語で言ってみよう。

川 → 花 → 虹 → 月 → 海

森 → 木 → 空 → 星 → 山

チャレンジ

ヒントの単語を使って、パズルをかんせいさせよう。

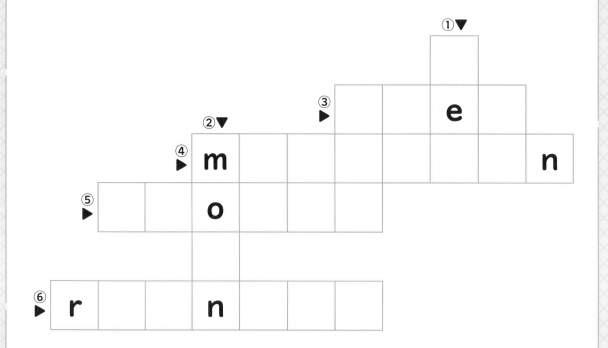

①▼ e n
②▼ ④▶ m o
③▶
⑤▶
⑥▶ r n

ヒント

sea tree moon

flower rainbow mountain

終わったらおうちの人に
チェックしてもらおう。

44

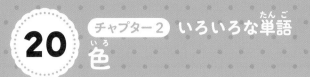

動画を見る

 STEP 1 動画 ▶ を見て、大きな声でリピートしよう。

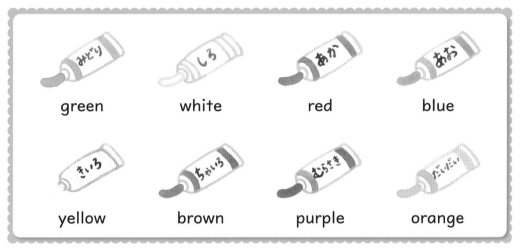

green   white   red   blue

yellow   brown   purple   orange

STEP 2 クイズに答えよう。答えに○をつけよう。

(1) 雲の色は？ → green / white

(2) レモンの色は？ → yellow / purple

(3) みかんの色は？ → brown / orange

STEP 3 漢字の順番に、英語で言って みよう。

「橙」はオレンジ色のことだよ。

 緑 g   茶 b   白 w   赤 r   青 b   紫 p   橙 o   黄 y

チャレンジ

絵に合う単語を次から選んで、ていねいに書こう。

purple	brown
yellow	red
white	orange
blue	green

みどり _____   あか _____

あお _____   しろ _____

ちゃいろ _____   むらさき _____

きいろ _____   だいだい _____

終わったらおうちの人にチェックしてもらおう。

21

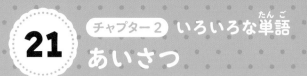

チャプター2 いろいろな単語
あいさつ

STEP1の
動画を見る

STEP2の
動画を見る

STEP 1 動画 ▶ を見て、イラストとあいさつを線でつなごう。

朝 　　昼 　　夕方 　　夜

Good night.

Good evening.

Good morning.

Good afternoon.

STEP 2 動画 ▶ を見て、なんて答えたらいいか線でつなごう。

Nice to meet you. ●　　● You're welcome.

Thank you. ●　　● That's OK.

See you. ●　　● Nice to meet you, too.

I'm sorry. ●　　● Have a nice day.

STEP 3 STEP1 のあいさつを順番に言って みよう。

チャレンジ

絵に合うあいさつを下から選んで、ていねいに英語で書こう。

(1)	(2)	(3)	(4)

(1) _____

(2) _____

(3) _____

(4) _____

Good morning. / Good night.

Good afternoon. / Good evening.

終わったらおうちの人に
チェックしてもらおう。

22 チャプター2 いろいろな単語 気持ち

動画を見る

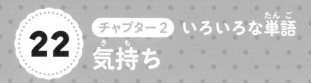

STEP 1 動画 ▶ を見て、大きな声でリピートしよう。

hungry　thirsty　happy　sad

tired　bored　sleepy　sick

STEP 2 気持ちとカードを線でつなごう。

hungry

sick　sleepy

thirsty

bored

happy　sad

tired

STEP 3 今の自分の気持ちを言ってみよう。

気持ちを言うときは I'm を使おう！

49

絵に合う単語を下から選んで、ていねいに書こう。

happy　　tired　　sad　　sleepy

bored　　sick　　hungry　　thirsty

終わったらおうちの人に
チェックしてもらおう。

50

23

きせつや天気

動画を見る

STEP 1 動画 ▶️ を見て、大きな声でリピートしよう。

① ② ③ ④
⑤ ⑥ ⑦ ⑧

STEP 2 単語に合う絵を **STEP 1** のイラストの中からさがして、番号を書こう。

	rainy		summer		sunny

	spring		snowy		winter

	cloudy		fall

STEP 3 次の問題の答えを言って 🟡 みよう。

（1）暑い季節は？

（2）雪がふる季節は？

（3）今の天気は？

> 天気を答えるときは It's のあとに続けよう。

チャレンジ

かくれている、単語をさがそう。見つけたら◯でかこもう。
単語はたてにも横にもかくれているよ。

f	r	s	w	i	n	t	e	r
c	s	u	n	n	y	o	d	a
r	t	m	r	a	e	n	y	i
s	f	m	v	e	r	y	i	n
b	a	e	c	l	o	u	d	y
n	l	r	s	p	r	i	n	g
c	l	s	n	o	w	y	y	w

終わったらおうちの人に
チェックしてもらおう。

52

24 チャプター2 いろいろな単語
いろいろな単語のまとめ

動画を見る

STEP 1 動画 ▶ を見て、聞こえた順に番号を書こう。

strawberry 〔　〕　　rabbit 〔　〕　　spaghetti 〔　〕

textbook 〔　〕　　baseball 〔　〕　　cucumber 〔　〕

STEP 2 絵の単語を下から選んで書こう。

(1)

(2)

(3)

(4)

★ spring　　★ train　　★ flower　　★ desk

STEP 3 **STEP 2** で書いた単語を順番に言ってみよう。

発音がわからない単語は、前のページにもどって動画でかくにんしよう。

チャレンジ

スタートからゴールまでめいろをしよう。通り道にある絵を表す
単語に○をつけよう。

単語は全部で8こあるよ。

grapes	glue	zebra	bread
juice	pencil	taxi	rainbow
yellow	sunny	baseball	elephant

終わったらおうちの人に
チェックしてもらおう。

動画を見る

STEP 1 動画 を見て、大きな声でリピートしよう。

rat　　hat　　mat　　bat

map　　cat　　cap　　sad

STEP 2 絵に合う単語になるように、a、p、t からアルファベットを選んで書こう。

(1) c

(2) c

(3) m

(4) m

STEP 3 次の英文を言って 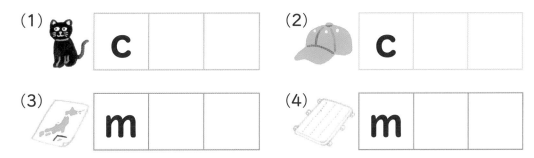 みよう。

(1) The rat is on a mat.

(2) The cat has a hat.

(3) The bat is sad.

aの発音に注意してね。

55

左の単語を大きな声で言って ◖ から、線でつなごう。

mat ●

sad ●

cap ●

hat ●

cat ●

bat ●

rat ●

map ●

●

●

●

●

●

●

●

●

終わったらおうちの人に
チェックしてもらおう。

56

STEP 1 動画 ▶ を見て、大きな声でリピートしよう。

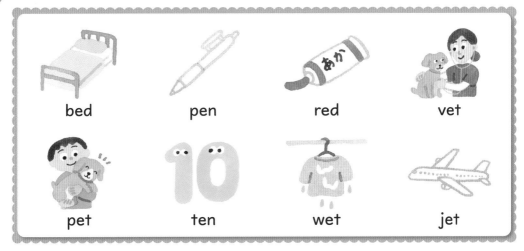

bed　　　pen　　　red　　　vet

pet　　　ten　　　wet　　　jet

STEP 2 絵に合う単語になるように、d、e、t からアルファベットを選んで書こう。

(1) b

(2) r

(3) v

(4) w

STEP 3 次の英文を言って 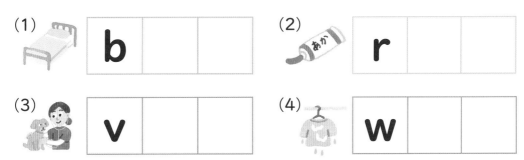 みよう。

(1) My pet is at the vet.

(2) Ken has a pet.

(3) My legs are wet.

eの発音に注意してね。

チャレンジ

次のアルファベットを組み合わせて、5つの単語を作ろう。

p	e	t	t	d
e	n	e	e	p
e	n	b	j	t

(1) _____

(2) _____

(3) _____

(4) _____

(5) _____

終わったらおうちの人に
チェックしてもらおう。

動画を見る

27 チャプター3 英語の発音
i の音

STEP 1 動画 ▶ を見て、大きな声でリピートしよう。

| pin | lip | dig | pig |
| bin | win | hit | big |

STEP 2 絵に合う単語になるように、g、i、n からアルファベットを選んで書こう。

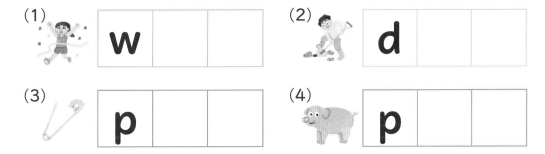

(1) w

(2) d

(3) p

(4) p

STEP 3 次の英文を言って😋みよう。

(1) The pig is big.

(2) The kid has six pins.

(3) The boy hit the ball.

i の発音に注意してね。

ヒントの<ruby>単語<rt>たんご</rt></ruby>を<ruby>使<rt>つか</rt></ruby>って、パズルをかんせいさせよう。

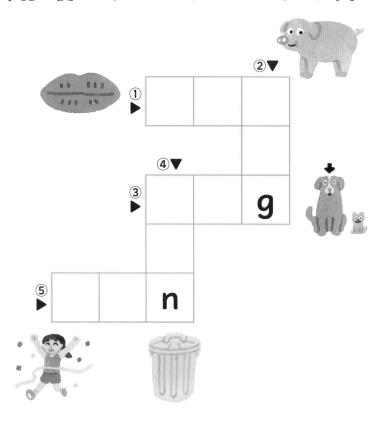

ヒント

lip	pig	bin
big	win	

<ruby>終<rt>お</rt></ruby>わったらおうちの<ruby>人<rt>ひと</rt></ruby>にチェックしてもらおう。

60

28 チャプター3 英語の発音
o の音（おと）

動画を見る

STEP 1 動画（どうが）▶ を見（み）て、大（おお）きな声（こえ）でリピートしよう。

dog　top　log　hot

fog　box　mop　pot

STEP 2 絵（え）に合（あ）う単語（たんご）になるように、g、o、p からアルファベットを選（えら）んで書（か）こう。

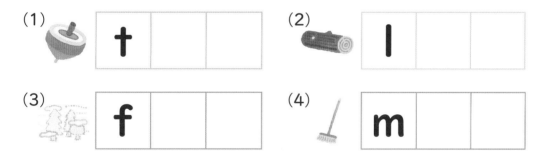

(1) t□□

(2) l□□

(3) f□□

(4) m□□

STEP 3 次（つぎ）の英文（えいぶん）を言（い）って みよう。

(1) The pot is hot.

(2) Bob is a dog.

(3) The frog is on a log.

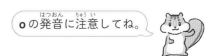
oの発音（はつおん）に注意（ちゅうい）してね。

次のアルファベットを組み合わせて、4つの単語を作ろう。

(1)と(2)はイラストをヒントにしてね。
(3)と(4)は自分で考えてみよう。

o	p	t	d
x	p	b	t
o	g	o	o

(1) 　　　　　　　　　　

(2) 　　　　　　　　　　

(3) ❓ 　　　　　　　　　　

(4) ❓ 　　　　　　　　　　

終わったらおうちの人に
チェックしてもらおう。

29 u の音

動画を見る

STEP 1 動画 ▶ を見て、大きな声でリピートしよう。

bug	sun	rug	bus
mug	fun	cut	tub

STEP 2 絵に合う単語になるように、g、n、u からアルファベットを選んで書こう。

(1) f

(2) m

(3) s

(4) b

STEP 3 次の英文を言ってみよう。

(1) The bug is in the tub.

(2) I cut the rug.

(3) Bob is on a bus.

u の発音に注意してね。

ヒントの単語を使って、パズルをかんせいさせよう。

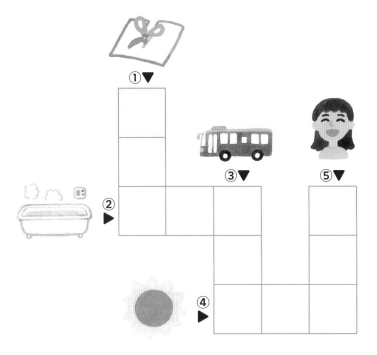

①▼
②▶
③▼
④▶
⑤▼

ヒント

tub   fun   sun

bus   cut

終わったらおうちの人に
チェックしてもらおう。

チャプター3 英語の発音

30 英語の発音のまとめ①

動画を見る

STEP 1 動画 ▶ を見て、聞こえた順に番号を書こう。

dog ☐　　　pig ☐　　　map ☐

bed ☐　　　sun ☐　　　cat ☐

STEP 2 絵の単語を下から選んで書こう。

(1)

(2)

(3)

(4)

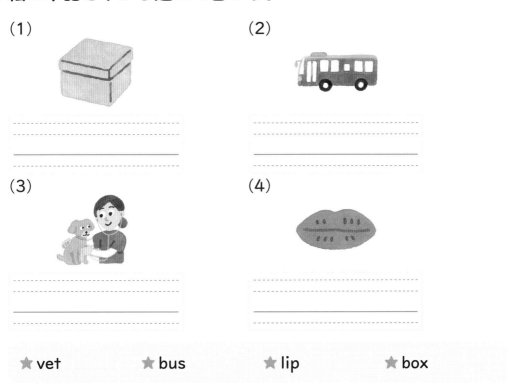

⭐ vet　　　⭐ bus　　　⭐ lip　　　⭐ box

STEP 3 **STEP 2** で書いた単語を順番に言ってみよう。

発音がわからない単語は、前のページに
もどって動画でかくにんしよう。

それぞれの人がさがしているものは何かな？　見つけたら、絵に合う単語を線でつなごう。

線をたどってみよう。

pen　　mug　　pin　　mop　　hat

終わったらおうちの人にチェックしてもらおう。

31 チャプター3 英語の発音
a のもう1つの音

動画を見る

STEP 1
動画 ▶ を見て、大きな声でリピートしよう。

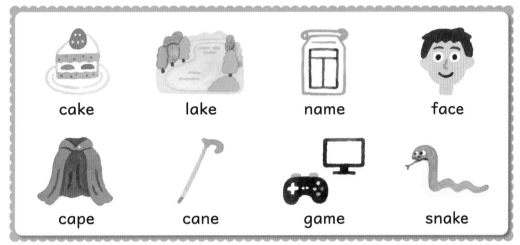

cake　　lake　　name　　face

cape　　cane　　game　　snake

STEP 2
絵に合うのはどちらかな？　□に✔を書こう。

(1)　□ cape
　　　□ cap

(2)　□ hat
　　　□ hate

(3)　□ can
　　　□ cane

(4)　□ map
　　　□ mape

STEP 3
STEP 2 で✔を入れた単語を、Long a と Short a に分けよう。
そのあと、それぞれの単語を言って◖みよう。

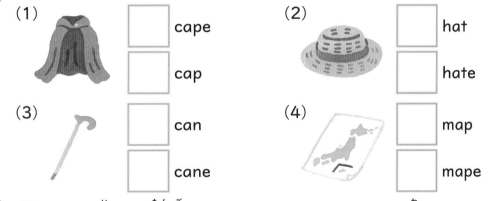

Long a	Short a

Long a と Short a の
音のちがいはわかる
ようになったかな。

次のアルファベットを組み合わせて、4つの単語を作ろう。

(1)と(2)はイラストをヒントにしてね。
(3)と(4)は自分で考えてみよう。

a	c	m	a
a	e	e	n
k	f	c	e
l	k	a	e

(1)

(2)

(3) ?

(4) ?

終わったらおうちの人に
チェックしてもらおう。

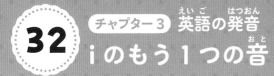

32 チャプター3　英語の発音
i のもう1つの音

動画を見る

STEP 1 動画 ▶ を見て、大きな声でリピートしよう。

bike　　five　　nine　　kite

dive　　time　　ride　　prize

STEP 2 絵に合うのはどちらかな？　□に✓を書こう。

(1) □ kite
　　 □ kit

(2) □ pin
　　 □ pine

(3) □ tim
　　 □ time

(4) □ win
　　 □ wine

STEP 3 STEP2 で✓を入れた単語を、Long i と Short i に分けよう。
そのあと、それぞれの単語を言って みよう。

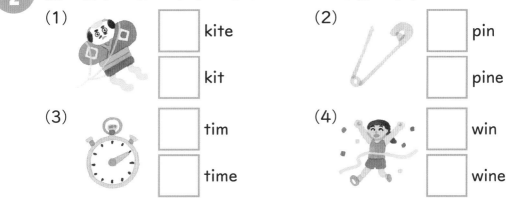

Long i	Short i

Long i は［アィ］、
Short i は［イ］のよう
に発音するよ。

チャレンジ

ヒントの単語を使って、パズルをかんせいさせよう。

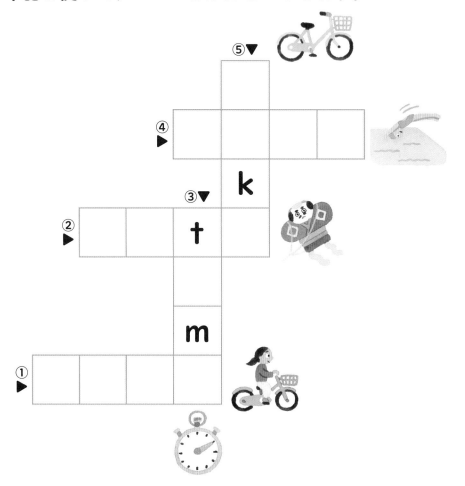

⑤▼
④▶
③▼
k
②▶
t
m
①▶

ヒント

bike	time	dive
kite	ride	

終わったらおうちの人に
チェックしてもらおう。

70

33 チャプター3 英語の発音
o のもう1つの音

動画を見る

STEP 1 動画 ▶ を見て、大きな声でリピートしよう。

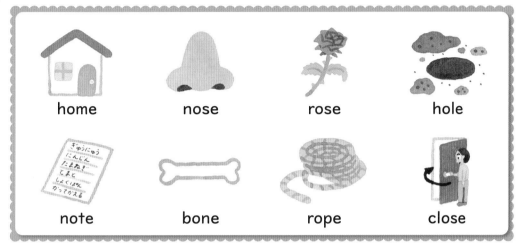

home　　　nose　　　rose　　　hole

note　　　bone　　　rope　　　close

STEP 2 絵に合うのはどちらかな？　□に✔を書こう。

(1) not / note

(2) box / boxe

(3) hot / hote

(4) rop / rope

STEP 3 STEP2 で✔を入れた単語を、Long o と Short o に分けよう。
そのあと、それぞれの単語を言って みよう。

Long o	Short o

Long o は[オゥ]、
Short o は[ア]と[オ]
の間の音を発音しよう。

71

チャレンジ

次のアルファベットを組み合わせて、4つの単語を作ろう。

(1)と(2)はイラストをヒントにしてね。
(3)と(4)は自分で考えてみよう。

b	r	n	m
s	o	o	e
s	e	h	e
e	o	n	o

(1)

(2)

(3)

(4)

終わったらおうちの人に
チェックしてもらおう。

34 チャプター3 英語の発音
uのもう1つの音

STEP 1 動画を見て、大きな声でリピートしよう。

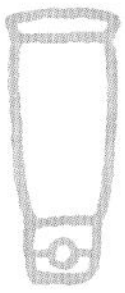
tube

cube

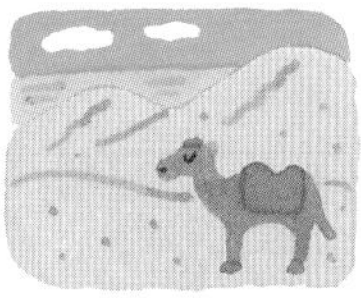
dune

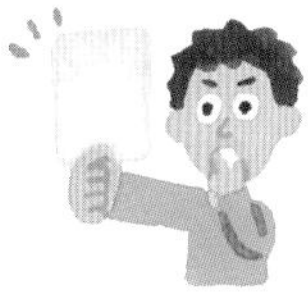
rule

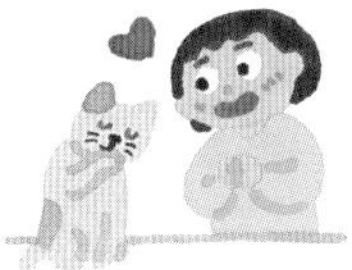
cute

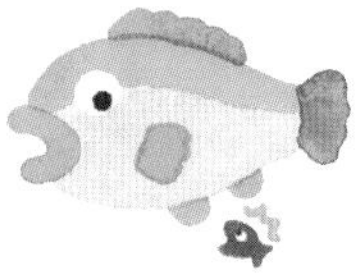
huge

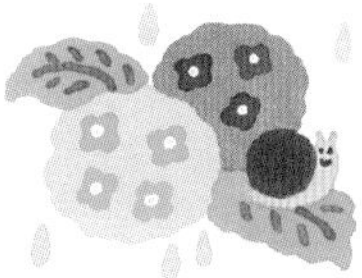
June

mute

STEP 2 絵に合うのはどちらかな？　□に✓を書こう。

(1)
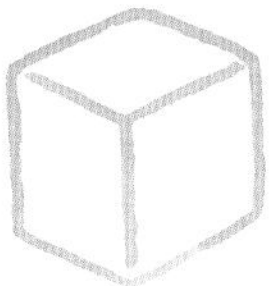
□ cub
□ cube

(2)

□ cute
□ cut

(3)
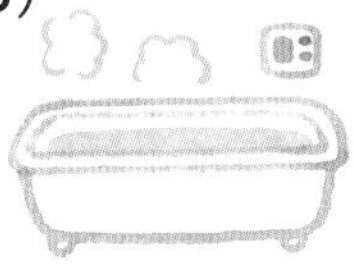
□ tube
□ tub

(4)
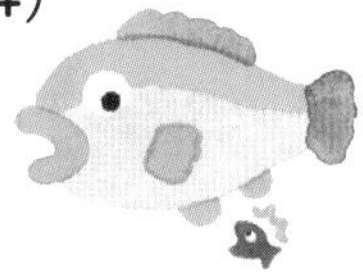
□ hug
□ huge

STEP 3 STEP 2で✓を入れた単語を、Long u と Short u に分けよう。そのあと、それぞれの単語を言ってみよう。

Long u	Short u

元気よく言ってね。

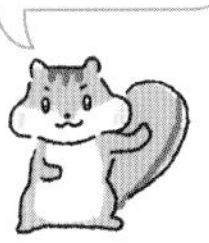

チャレンジ

ヒントの<ruby>単語<rt>たんご</rt></ruby>を<ruby>使<rt>つか</rt></ruby>って、パズルをかんせいさせよう。

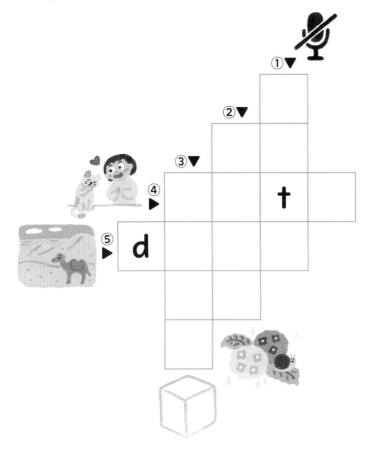

①▼
②▼
③▼
④▶
⑤▶ **d**
t

ヒント

cute	dune	mute
cube	June	

<ruby>終<rt>お</rt></ruby>わったらおうちの<ruby>人<rt>ひと</rt></ruby>に
チェックしてもらおう。

74

35 チャプター3 英語の発音
同じ音のなかま（ai, ay）

動画を見る

STEP 1 動画 ▶️ を見て、大きな声でリピートしよう。

①　②　③　④
⑤　⑥　⑦　⑧

STEP 2 **STEP 1** の①～⑧は ai と ay のどちらのグループに入るかな？
番号を書こう。

ai

ay

STEP 3 次の単語を順番に言って 🟡< みよう。

> ai と ay のところに注意してね。

★ play　　★ nail　　★ train　　★ clay

★ snail　　★ day　　★ paint　　★ tail

チャレンジ

アルファベットをならべかえて、イラストに合う単語を作ろう。

使わない文字が1つずつあるよ！

(1) a d i y

(2) a l i p t

(3) a n m r i t

(4) a c y r l

(5) a s n i y l

終わったらおうちの人に
チェックしてもらおう。

36

チャプター3 英語の発音

同じ音のなかま（ea, ee, ey）

 動画を見る

 STEP 1 動画 ▶ を見て、大きな声でリピートしよう。

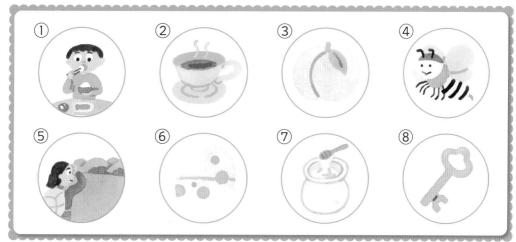

① ② ③ ④
⑤ ⑥ ⑦ ⑧

STEP 2 **STEP 1** の①〜⑧は ea、ee、ey のどのグループに入るかな？
番号を書こう。

ea	ee	ey

STEP 3 次の単語を順番に言って みよう。

> ea, ee, ey は同じ音だね。

★ bee　　★ tea　　★ peach　　★ eat

★ key　　★ cheese　　★ honey　　★ see

左の単語を大きな声で言って から、線でつなごう。

tea ●

bee ●

eat ●

key ●

see ●

peach ●

honey ●

cheese ●

●
●
●
●
●
●
●
●

終わったらおうちの人にチェックしてもらおう。

37 チャプター3 英語の発音
同じ音のなかま（oi, oy）

動画を見る

STEP 1 動画 ▶ を見て、大きな声でリピートしよう。

① ② ③ ④
⑤ ⑥ ⑦ ⑧

STEP 2 STEP1 の①〜⑧は oi と oy のどちらのグループに入るかな？
番号を書こう。

oi	oy

STEP 3 次の単語を順番に言って 🗨 みよう。

oi と oy のところに注意してね。

- ★ oil
- ★ enjoy
- ★ voice
- ★ toy
- ★ boy
- ★ oyster
- ★ coin
- ★ join

アルファベットをならべかえて、イラストに合う単語を作ろう。

使わない文字が1つずつあるよ！

(1) o y h t

(2) o j n e i

(3) o i a c n

(4) o j n e y i

(5) o w i v e c

終わったらおうちの人にチェックしてもらおう。

チャプター3 英語の発音

38 同じ音のなかま（ou, ow）

動画を見る

STEP 1 動画 ▶ を見て、大きな声でリピートしよう。

① ② ③ ④
⑤ ⑥ ⑦ ⑧

STEP 2 STEP1 の①〜⑧は ou と ow のどちらのグループに入るかな？
番号を書こう。

ou	ow

STEP 3 次の単語を順番に言ってみよう。

単語の意味はおぼえたかな？

★ house　★ sound　★ owl　★ now

★ mouse　★ brown　★ cow　★ shout

チャレンジ

左の単語を大きな声で言って から、線でつなごう。

brown ●   ● 🏠

cow ●   ● 🦉

owl ●   ● ちゃいろ

house ●   ● 過去 今 未来

mouse ●   ●

now ●   ● 🐭

sound ●   ● 🐄

shout ●   ●

終わったらおうちの人に
チェックしてもらおう。

39 チャプター3 英語の発音
同じ音のなかま（oa, ow）

動画を見る

STEP 1 動画 を見て、大きな声でリピートしよう。

①　②　③　④

⑤　⑥　⑦　⑧

STEP 2 STEP 1 の①〜⑧は oa と ow のどちらのグループに入るかな？番号を書こう。

oa	ow

STEP 3 次の単語を順番に言って みよう。

これで英語の発音はばっちりだね！

★ toast　★ arrow　★ pillow　★ coat

★ boat　★ window　★ soap　★ snow

チャレンジ

アルファベットをならべかえて、イラストに合う単語を作ろう。

使わない文字が1つずつあるよ！

(1) o q p s a

(2) o w m n s

(3) o t c v a

(4) o t t h s a

(5) o w w m n d i

終わったらおうちの人に
チェックしてもらおう。

月　　　日

STEP 1 動画 ▶ を見て、聞こえた順に番号を書こう。

house ☐　　　peach ☐　　　play ☐

paint ☐　　　brown ☐　　　honey ☐

STEP 2 絵の単語を下から選んで書こう。

（1）

（2）

（3）

（4）

★ nose　　　★ cake　　　★ nine　　　★ June

STEP 3 **STEP 2** で書いた単語を順番に言ってみよう。

発音がわからない単語は、前のページに
もどって動画でかくにんしよう。

チャレンジ

ヒントの単語を使って、パズルをかんせいさせよう。

イラストもヒントにしよう。

ヒント

tea	toy	coin
snow	train	

終わったらおうちの人に
チェックしてもらおう。

答 え

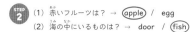

STEP 2
(1) 赤いフルーツは？ → (apple) / egg
(2) 海の中にいるものは？ → door / (fish)
(3) 人が乗る乗り物は？ → (car) / book

STEP 3

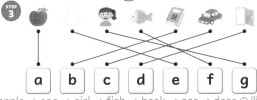

| a | b | c | d | e | f | g |

apple → egg → girl → fish → book → car → door の順に言う。

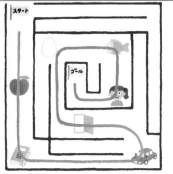

apple → book → car → door → egg → fish → girl の順に言う。

STEP 2
(1) 牛からとれる飲み物は？ → (milk) / ink
(2) 寒い日に着るものは？ → (jacket) / house
(3) 勉強するときに使うものは？ → key / (notebook)

STEP 3

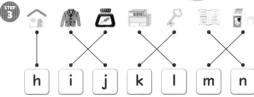

| h | i | j | k | l | m | n |

house → jacket → ink → library → key → notebook → milk の順に言う。

STEP 2

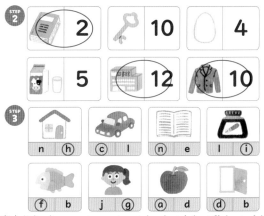

STEP 3

| n | (h) | (c) | l | (n) | e | l | (i) |
| (f) | b | j | (g) | (a) | d | (d) | b |

左上から、house → car → notebook → ink → fish → girl → apple → door の順に言う。

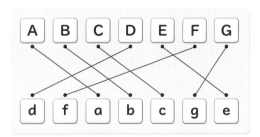

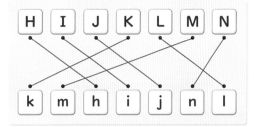

STEP 2
(1) 海にいる生き物は？ → (octopus) / tablet
(2) ボールをけって相手のゴールに入れるスポーツは？
→ piano / (soccer)
(3) 雨の日に使う道具は？ → (umbrella) / racket

STEP 3

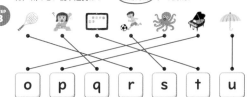

| o | p | q | r | s | t | u |

racket → question → tablet → soccer → octopus → piano → umbrella の順に言う。

14 ページ チャレンジ

octopus → piano → question → racket → soccer → tablet
→ umbrella の順に言う。

15 ページ ⑤ v から z の音

STEP2
(1) 動物がたくさんいる場所は？ → (zoo) / vegetable
(2) 部屋が暑いときに開けるものは？ → box / (window)
(3) 体によい食べ物は？ → yellow / (vegetable)

STEP3
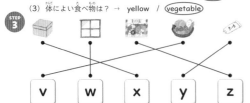

| v | w | x | y | z |

box → window → zoo → vegetable → yellow の順に言う。

16 ページ チャレンジ

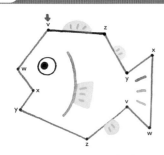

17 ページ ⑥ o から z の音

STEP2

22　19
18　26

STEP3

| (t) h | (p) q | (v) w | (w) m |
| (a) (o) | (u) n | a (q) | (x) m |

左上から、tablet → piano → vegetable → window →
octopus → umbrella → question → box の順に言う。

18 ページ チャレンジ

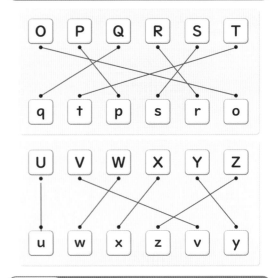

| O | P | Q | R | S | T |
| q | t | p | s | r | o |

| U | V | W | X | Y | Z |
| u | w | x | z | v | y |

19 ページ ⑦アルファベットのまとめ

STEP1
(1)
(2)
(3)

STEP2
(1) a　b　d　(h)　l　(q)
(2) c　i　(j)　k　(s)　x
(3) (g)　l　r　(u)　v　z

STEP3
a, apple → b, book → c, car → d, door →
e, egg → f, fish → g, girl → h, house → i, ink →
j, jacket → k, key → l, library → m, milk →
n, notebook → o, octopus → p, piano →
q, question → r, racket → s, soccer → t, tablet →
u, umbrella → v, vegetable → w, window →
x, box → y, yellow → z, zoo の順に言う。

20 ページ チャレンジ

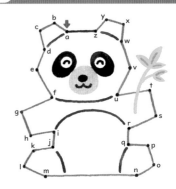

STEP 2

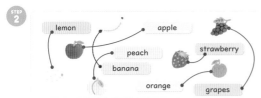

STEP 3 （例）peach, apple, lemon / grapes, banana, orange / grapes, strawberry, orange, lemon など。

a	d	s	b	d	q	p	o	a	e
e	g	r	a	p	e	s	i	p	p
g	u	a	n	p	e	a	c	h	n
s	t	r	a	w	b	e	r	r	y
l	a	k	n	a	p	p	l	e	m
m	o	r	a	n	g	e	t	y	r
a	h	l	e	m	o	n	o	i	a

STEP 2

STEP 3 tomato, cucumber, potato, onion, eggplant, carrot, corn の中から３つ選んで言う。

左の人から、carrot → cucumber → onion → corn → potato → eggplant → tomato が好き。

STEP 2

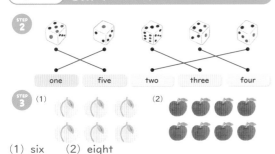

| one | five | two | three | four |

STEP 3 （1） （2）

（1）six （2）eight
one → two → three → four → five → six → seven → eight → nine → ten の順に言う。

5	five
9	nine
1	one
10	ten
3	three

STEP 2
（1）耳が大きくて、鼻が長い動物は？ → bear / (elephant)
（2）オスだけにたてがみがある動物は？ → (lion) / rabbit
（3）羽があって、空をとべる動物は？ → (bird) / dog

STEP 3 I like または I don't like のあとに rabbits, cats, dogs, bears, zebras を入れて言う。

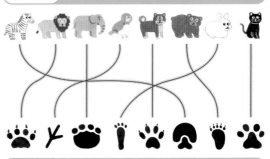

STEP 2
（1） ☐ point my finger　☑ wash my face
（2） ☑ open my mouth　☐ comb my hair
（3） ☐ brush my teeth　☑ raise my hand

STEP 3

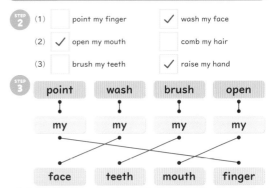

point	wash	brush	open
my	my	my	my
face	teeth	mouth	finger

point my finger → wash my face → brush my teeth → open my mouth の順に言う。

歯	teeth	手	hand
指	finger	口	mouth
顔	face	髪	hair

89

umbrella, gloves

(例)

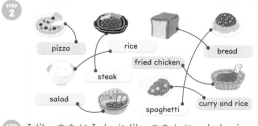

① shoes
② watch
③ sweater
④ glasses

STEP 3 I like または I don't like のあとに salad, pizza, bread, rice, spaghetti, steak, fried chicken, curry and rice を入れて言う。

① steak
② pizza
③ spaghetti
④ salad

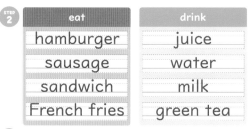

eat	drink
hamburger	juice
sausage	water
sandwich	milk
French fries	green tea

STEP 3 I want to eat a hamburger. / I want to eat a sausage. / I want to eat a sandwich. / I want to eat French fries. I want to drink juice. / I want to drink water. / I want to drink milk. / I want to drink green tea.

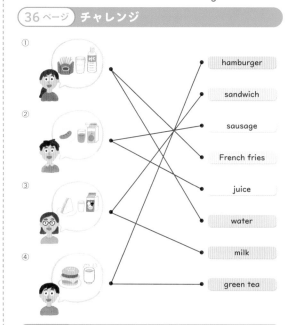

① hamburger
sandwich
② sausage
French fries
③ juice
water
④ milk
green tea

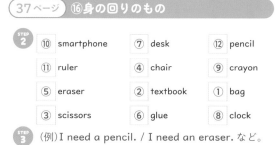

⑩ smartphone	⑦ desk	⑫ pencil
⑪ ruler	④ chair	⑨ crayon
⑤ eraser	② textbook	① bag
③ scissors	⑥ glue	⑧ clock

STEP 3 (例) I need a pencil. / I need an eraser. など。

STEP 2
① basketball   ② baseball   ⑦ table tennis
⑨ rugby   ③ volleyball   ⑧ dodgeball
⑤ soccer   ④ tennis   ⑥ badminton

STEP 3
(例)I play basketball. / I play dodgeball. など。

② I play tennis.   ③ I play soccer.
④ I play badminton.   ① I play basketball.
⑥ I play rugby.   ⑤ I play table tennis.

STEP 2
① bike   ③ taxi   ② boat
④ truck   ⑥ bus   ⑦ car
⑧ train   ⑤ unicycle

STEP 3
(1)   boat のイラスト
(2)   train のイラスト

(1)は bike → bus → boat、(2)は taxi → truck → train
のように言う。

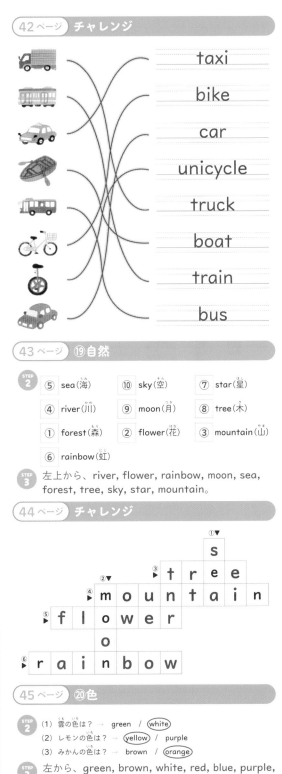

STEP 2
⑤ sea(海)   ⑩ sky(空)   ⑦ star(星)
④ river(川)   ⑨ moon(月)   ⑧ tree(木)
① forest(森)   ② flower(花)   ③ mountain(山)
⑥ rainbow(虹)

STEP 3
左上から、river, flower, rainbow, moon, sea,
forest, tree, sky, star, mountain。

①▼
s
②▼ ③▶ t r e e
④▶ m o u n t a i n
⑤▶ f l o w e r
o
⑥▶ r a i n b o w

STEP 2
(1) 雲の色は? → green / (white)
(2) レモンの色は? → (yellow) / purple
(3) みかんの色は? → brown / (orange)

STEP 3
左から、green, brown, white, red, blue, purple,
orange, yellow。

46 ページ **チャレンジ**

	green		red
	blue		white
	brown		purple
	yellow		orange

47 ページ **㉑あいさつ**

STEP 1

朝　昼　夕方　夜

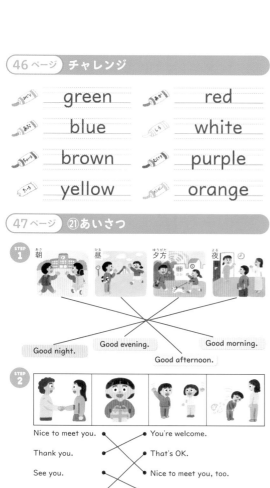

Good night.　Good evening.　Good morning.

Good afternoon.

STEP 2

Nice to meet you. ● ● You're welcome.

Thank you. ● ● That's OK.

See you. ● ● Nice to meet you, too.

I'm sorry. ● ● Have a nice day.

STEP 3 イラストの左から、Good morning. / Good afternoon. / Good evening. / Good night. の順に言う。

48 ページ **チャレンジ**

(1) Good morning.

(2) Good evening.

(3) Good night.

(4) Good afternoon.

49 ページ **㉒気持ち**

STEP 2

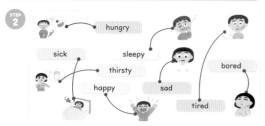

hungry　sick　sleepy　thirsty　happy　sad　bored　tired

STEP 3 (例)I'm happy. / I'm tired. など。

50 ページ **チャレンジ**

	happy		sad
	tired		bored
	hungry		sleepy
	thirsty		sick

51 ページ **㉓きせつや天気**

STEP 2

⑦ rainy　② summer　⑤ sunny

① spring　⑧ snowy　④ winter

⑥ cloudy　③ fall

STEP 3 (1) summer　(2) winter
(3) (例) It's sunny.

52 ページ **チャレンジ**

f	r	s	w	i	n	t	e	r
c	s	u	n	n	y	o	d	a
r	t	m	r	a	e	n	y	i
s	f	m	v	e	r	y	i	n
b	a	e	c	l	o	u	d	y
n	l	r	s	p	r	i	n	g
c	l	s	n	o	w	y	y	w

53 ページ **㉔いろいろな単語のまとめ**

STEP 1

strawberry [4]　rabbit [5]　spaghetti [3]

textbook [6]　baseball [1]　cucumber [2]

STEP 2

(1)

desk

(2) train

(3) spring

(4) flower

STEP 3 desk → train → spring → flower の順に言う。

92

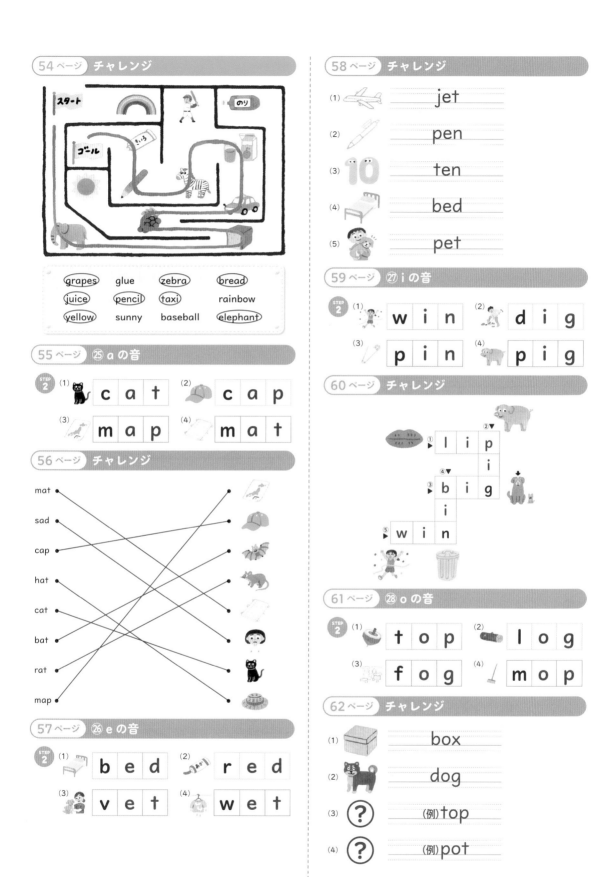

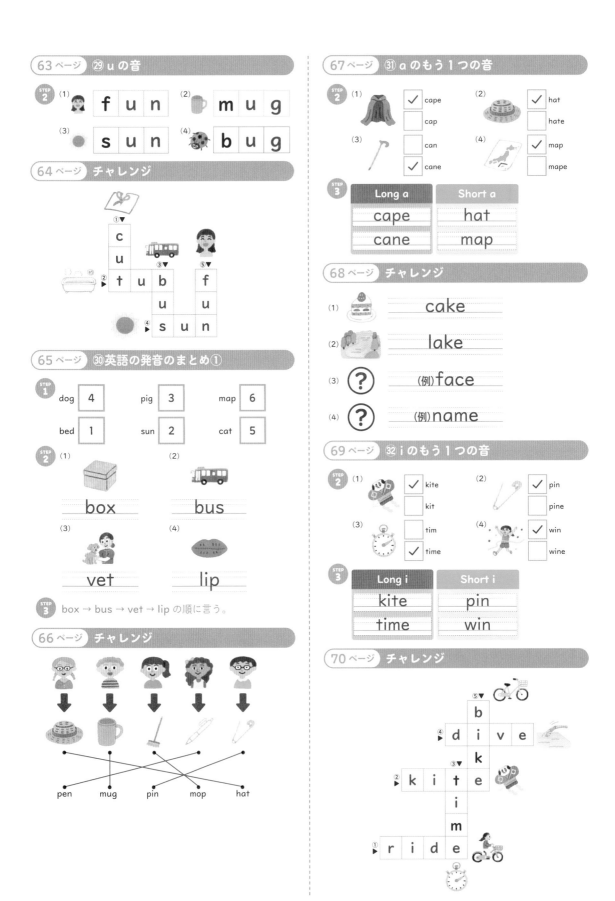

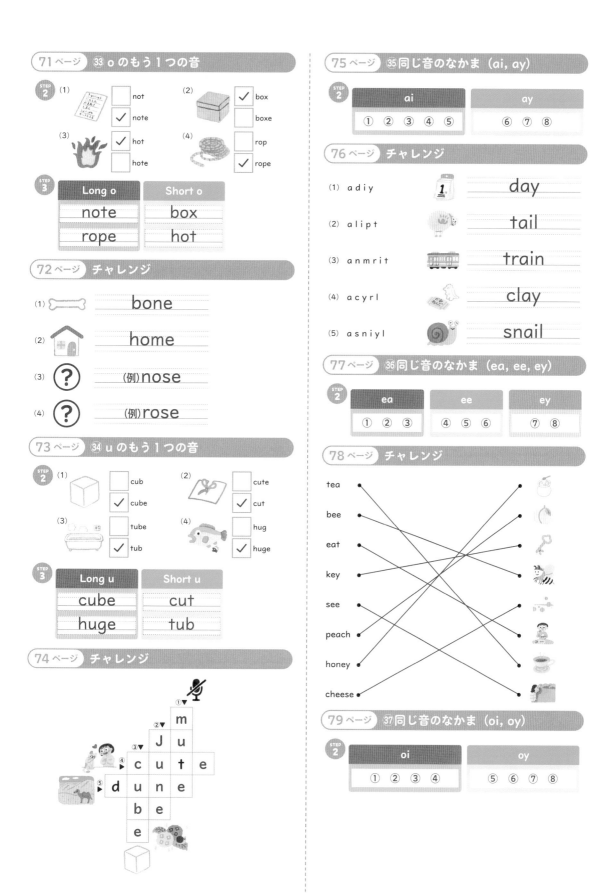

71ページ ㉝ o のもう1つの音

STEP 2
(1) ☐ not / ✓ note
(2) ✓ box / ☐ boxe
(3) ✓ hot / ☐ hote
(4) ☐ rop / ✓ rope

STEP 3

Long o	Short o
note	box
rope	hot

72ページ チャレンジ

(1) bone
(2) home
(3) (例)nose
(4) (例)rose

73ページ ㉞ u のもう1つの音

STEP 2
(1) ☐ cub / ✓ cube
(2) ☐ cute / ✓ cut
(3) ☐ tube / ✓ tub
(4) ☐ hug / ✓ huge

STEP 3

Long u	Short u
cube	cut
huge	tub

74ページ チャレンジ

① m
② J u
③ c u t e
④ d u n e
b e
e

75ページ ㉟同じ音のなかま（ai, ay）

STEP 2

ai	ay
① ② ③ ④ ⑤	⑥ ⑦ ⑧

76ページ チャレンジ

(1) a d i y — day
(2) a l i p t — tail
(3) a n m r i t — train
(4) a c y r l — clay
(5) a s n i y l — snail

77ページ ㊱同じ音のなかま（ea, ee, ey）

STEP 2

ea	ee	ey
① ② ③	④ ⑤ ⑥	⑦ ⑧

78ページ チャレンジ

tea
bee
eat
key
see
peach
honey
cheese

79ページ ㊲同じ音のなかま（oi, oy）

STEP 2

oi	oy
① ② ③ ④	⑤ ⑥ ⑦ ⑧